DEBAIXO DAS RODAS DE UM AUTOMÓVEL
ROGERIO SKYLAB

Copyright ©Rogerio Skylab, 2020

Direitos reservados e protegidos pela lei 9.610 de 19.02.1998.
É proibida a reprodução total ou parcial sem autorização, por escrito, da editora.

Coordenação editorial: Sálvio Nienkötter
Editor-executivo: Raul K. Souza
Editora-adjunta: Isadora M. Castro Custódio
Editores assistentes: Daniel Osiecki e Francieli Cunico
Capa: Jussara Salazar sobre a foto da artista plástica Solange Venturi
Editoração: Carlos Garcia Fernandes
Produção: Cristiane Nienkötter
Preparação de originais e revisão: Daniel Osiecki

Dados Internacionais de Catalogação na Publicação (CIP)
Angelica Ilacqua CRB-8/7057

Skylab, Rogerio
  Debaixo das rodas de um automóvel / Rogerio Skylab. -- 2. ed. -- Curitiba : Kotter Editorial, 2020.
  224 p.

ISBN 978-65-86526-40-0

1. Poesia brasileira I. Título

20-2851   CDD B869.1

Kotter Editorial Ltda.
Rua das Cerejeiras, 194
CEP: 82700-510 - Curitiba - PR
Tel. + 55(41) 3585-5161
www.kotter.com.br | contato@kotter.com.br

Feito o depósito legal
1ª Edição
2020

DEBAIXO DAS RODAS DE UM AUTOMÓVEL
ROGERIO SKYLAB

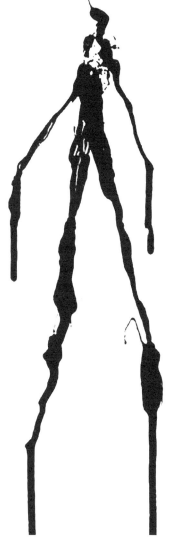

Para Solange

SUMÁRIO

15 Bem-vindos ao incrível mundo de Rogerio Skylab - Lobão

17 Rogerio Skylab: um mefistófeles e seus simulacros - Nicolas Neves

37 MINHA CASA
39 HEMATOMAS
41 O NADA
43 CASA DE CÔMODOS
45 A MARGEM
47 OS MEUS CASTELOS
49 VITRINES DE DOMINGO
51 EU
53 EU, HEIN?
55 OUVINDO JIMI HENDRIX
57 A BABA
59 AMANHÃ VAI SER UM NOVO DIA
61 A VENEZIANA
63 JANELAS
65 CORCOVADO
67 FERIADO NACIONAL
69 UMA DIVINDADE

71	RIO SUL
73	A VENDEDORA
75	ERA E CONTINUO
77	VITRINES
79	MEUS IRMÃOS
81	SEM TÍTULO
83	RUA DA PASSAGEM
85	UMA NOVA PRIMAVERA
87	ÍNDIO INFINITO
89	LEONARDO DA VINCI
91	VAGABUNDO
93	MAR DO NORTE
95	PURO ENIGMA
97	CENTRO DA CIDADE
99	O ELEVADOR
101	O PEIDO
103	CURRICULUM VITAE
105	UMA ESTAGIÁRIA
107	CACOS DE VIDRO
109	RADINHO DE PILHA
111	FÓSSEIS E ESTRELAS
113	O AMOR
115	PERGUNTAS E RESPOSTAS
117	CAFÉ DA MANHÃ
119	DESAVISADAMENTE
121	TRESLOUCADA
123	COUVE-FLOR
125	FANY ARDANT

127	MISSIVA I
129	SINFONIA
131	SEU ARI RI
133	IMPOSSÍVEL
135	MEMORANDOS
137	UM CÉU DIÁFANO
139	DEBAIXO DAS RODAS DE UM AUTOMÓVEL
141	O TRANSEUNTE E O MORTO-VIVO
143	ARTE
145	UM FURO
147	QUE ROUPA DEVO VESTIR HOJE?
149	À BEIRA DO LEITO DE MORTE
151	INSTANTE
153	ESPAÇO EM BRANCO
155	CALDO DE CARNE
157	O POETA
159	POESIA
161	O POETA E O POEMA
163	ESCRITURA
165	LENÇÓIS
167	CLICHÊS
169	ERA UMA VEZ
171	O MEU REFRIGERADOR
173	HORAS A FIO
175	POEMA NA PRAIA
177	GAVETA
179	FORA DO AR

181	NOITE
183	NOITE MAIS NEGRA
185	UMA MÚSICA SERENA
187	"DEU-SE QUE"
189	A ÚLTIMA QUIMERA
191	TAL E QUAL
193	DEIXE ESTAR
195	ENTÃO TÁ

— INÉDITOS —

199	A MUÇULMANA
201	BURACO NEGRO
203	DETETIVE
205	HOMEM-ARANHA
207	MEU PAI
209	NÃO ESTÁ VENDO?
211	O CALOR DA NOITE FRIA
213	O SONETO SUGERIDO POR MACHADO DE ASSIS
215	PENÉLOPE
217	RUÍNAS
219	SÍTIO ARQUEOLÓGICO

Bem-vindos ao incrível mundo de Rogerio Skylab

Rogerio Skylab é um dos principais nomes na nova música popular brasileira. Com seus discos em forma de seriado, um estilo inconfundível e uma forte presença de palco, Rogerio conquista uma legião de fãs por todo o Brasil. Em 2005, recebeu o prêmio Claro de Música para o poderoso Skylab 5 como o melhor disco de MPB de 2004. E, agora, temos um Skylab em novo formato: o soneto.

Esse livro inclui 80 sonetos escritos com a assinatura de seu estilo: o cotidiano que transita do patético ao trágico, com efeitos colaterais de um humor sombrio, triste, mas também muito engraçado. Engraçado em termos: Rogerio não quer ser cômico, mas sua forma de revolta ou até de perdão acabam por revelar o lado jocoso do trágico, do perdedor que se reinventa no poema e se transforma em mártir-herói de sua própria visão de mundo.

É impressionante ter a sensação de estar num determinado "ambiente" e, de repente, nos flagrarmos em um território delirante e quase sempre "condescendente", compreensivo, das suas vivências. Como condescendente? Sim, Rogerio vai transcorrendo suas experiências e mostrando sua inquietação e revolta através de uma compreensão, e, por que não dizer, uma candura que somente o santo ou o poeta possui.

Não sei se o Rogerio atingiu a beatitude celestial, mas que é um grande poeta com um senso estético próprio, isso ele é.

Portanto, prepare-se para uma fina experiência: você vai ler um livro que vai te deixar divagando por algum tempo; depois que acabar, com certeza o mundo terá outras cores, outros cheiros, outras paisagens, e, no entanto, perceberá que isso é tudo que o circundou por toda a vida...

Rogerio Skylab retrata a vida como ele quer, reconstruindo novos sentimentos para antigas cicatrizes. Trata-se de um livro lindo!

LOBÃO

ROGERIO SKYLAB: UM MEFISTÓFELES E SEUS SIMULACROS

"Como traduzir esse incômodo?"
–– Rogerio Skylab

"O que me interessa é o lixo da história". As palavras são de Rogerio Skylab durante uma autoentrevista no programa *Matador de passarinho* enquanto comentava a obra de Damião Experiência que, segundo Rogerio, "trabalha com o lixo como numa técnica de *ensamblaje*: ele trabalha com os fragmentos que ele vai juntando (...) pegando os dejetos, os materiais". O mesmo se aplica ao conjunto da obra do próprio Skylab, como fica evidente a partir da leitura dos mais de oitenta poemas (alguns inéditos em livro) que compõem esta nova edição de *Debaixo das rodas de um automóvel*, publicado originalmente em 2006 e irremediavelmente esgotado desde pouco tempo depois.

Fazer poesia a partir do lixo da história é como tentar reviver o passado ao vasculhar suas ruínas – motivo que aparece em um dos poemas inéditos aqui reunidos:

Meus poemas cumprem o mesmo destino
que os de um poeta esquecido,
cujos versos viraram ruínas.
E ele reconhecia nelas

o que antes era seu estilo:
buracos na superfície do texto;
lacunas, rasuras.
A ruína fazia vir à tona

o que eram seus versos.

A capacidade de coletar e organizar poeticamente os fragmentos e personagens *feios, sujos e malvados* que compõem o lixo da história na contemporaneidade é uma das qualidades mais significativas de Rogerio Skylab, que se mostra aqui um perfeito esgrimista ao aproximar travestis, pederastas e adolescentes[1] a referências que vão de Baudelaire aos Rolling Stones, de Rimbaud a Jimi Hendrix, do Édipo-Rei de Sófocles a Michael Jackson, do *Ulisses* joyceano à atriz Fanny Ardant. Talvez por essa multiplicidade de nomes e referências o eu-lírico de 'Vitrines de domingo' reconheça:

> Moro entre coisas efêmeras
> num quarto de pensão impossível.
> Ontem cedo matei dois ratos.
> Aí está minha metafísica.

A estrofe, que faz lembrar que é preciso ter consciência "de que a metafísica é uma consequência de estar mal disposto"[2], se aproxima da postura atribuída ao poeta moderno por Charles Baudelaire em *O pintor da vida moderna*, no qual o francês comenta a obra de Constantin Guys. Em dado momento do referido texto, o autor defende que o poeta moderno é capaz de "extrair o eterno do transitório" visto que a própria modernidade tem como símbolos "o transitório, o fugidio, o contingente" (BAUDELAIRE, 2010, p.35).

E não é por mero acaso que menciono Baudelaire ao comentar a poesia de Skylab: a postura poética de Rogerio é a de "um *flâneur* na hora do rush./ Um eremita na cidade grande", como está escrito em 'Puro enigma'. Referindo-se ao *flâneur* Baudelaire escreve:

> A multidão é seu domínio, como o ar é o do pássaro, como a água, o do peixe. Sua paixão e sua profissão consistem em *esposar a multidão*. Para o perfeito *flâneur*, para o observador apaixonado, constitui um

grande prazer fixar domicílio no número, no inconstante, no movimento, no fugidio e no infinito. Estar fora de casa e, no entanto, sentir-se em casa em toda parte. (BAUDELAIRE, 2010, p.30).

A partir da leitura dos poemas de Skylab, percebe-se a *flânerie* baudelairiana presente em livros como *As flores do mal*, de 1857, e *Pequenos poemas em prosa*, de 1869. Porém, é cambiante o movimento de aproximação e distanciamento que Rogerio estabelece com o pai da modernidade literária: a *flânerie* de Skylab é, em vários momentos, antibaudelairiana como é o caso dos últimos versos de 'Rio Sul':

Agora passa uma jovem.

Olhamo-nos sem nenhum calor.
Somos puros fantasmas.
Nada mais nos atinge.

No poema acima, como acontece em um outro, 'O amor', observa-se um jogo intrincado entre acenar ao poema 'A uma passante', de Baudelaire, ao mesmo tempo em que tal recuperação dá-se de modo negativizado. Vejamos o caso de 'O amor':

Mais uma vez nos olhamos.
Você parecia quem?
Um cadáver indo pro trabalho.
Ainda assim me olhou.

Eu também te olhei
com as minhas olheiras profundas
de quem passa as noites em claro.
Quando nossos olhares se cruzaram

não provocaram crispação nenhuma.
Ficamos tão calmos.
Você ia para um lado,

eu para o outro.
O amor desses nossos tempos.
Precisamos escrevê-lo.

Note-se que enquanto em 'A uma passante' o eu-lírico se depara com uma "efêmera beldade" cujos olhos lhe fariam "nascer outra vez" (BAUDELAIRE, 2015, p.305), nos poemas de Skylab a mulher observada não passa de "Uma jovem" que, como o próprio eu- lírico, é um "puro fantasma" no poema 'Rio Sul', e, no caso do segundo poema, a mulher é referida como "Um cadáver indo pro trabalho".

O esvaziamento do belo e a troca de olhares que não provoca "crispação nenhuma" são característicos de um tempo no qual o alarido da multidão já não é sequer notado. Se o poeta francês transfigurou em poesia uma modernidade e um capitalismo ainda incipientes àquela altura do século XIX, Rogerio é fruto de um tempo marcado pelo capitalismo tardio, de uma época prenhe de simulacros e simulações[3] – talvez por isso o poeta se interesse tanto pela imagem da travesti ou pela figura de Michael Jackson, que aparece no poema 'Meus irmãos': em ambos temos o símbolo máximo da construção da identidade[4] que, em *Debaixo das rodas de um automóvel*, surge como um refrão, um *leitmotiv*, orientando mesmo as reflexões metapoéticas de 'Gaveta', 'Poema na praia', 'Era uma vez', 'O poeta e o poema', 'Poesia', 'O poeta' e no inédito 'Sítio arqueológico' entre vários outros.

Metapoesia: a poesia que fala de si mesma, servindo de reflexo e reflexão às próprias indagações a exemplo da postura do sujeito contemporâneo muito bem representado pelo eu-lírico de Skylab. E assim, o poeta, no processo de se construir/ destruir/ reconstruir se apropria das "várias vozes que não eram suas" ('Ruínas')

Esse caleidoscópio de vozes, ecos e silêncios compõe um labirinto referencial que, se não marca toda a literatura contemporânea, está presente em seus melhores frutos mantendo viva uma tradição que começou em Borges e Perec e continua em Vila-Matas e Paul Auster: a porosidade de uma literatura rizomática[5], descentralizada e enciclopédica[6] nada mais é do que um tipo de representação que surge de um tempo e de uma sociedade marcados pelo caos, pela disfunção, pela simultaneidade e pela rasura de fronteiras da própria linguagem como é o caso da sociedade e do tempo contemporâneos. Assim, como pensar a poesia, que por sua forma demanda a pausa e a desaceleração, em um cotidiano tão atribulado? É Skylab quem nos responde:

Num lapso de instante...
como quem lê um livro
entre duas estações...
eu escrevo rápido para não dar na pinta.

Escrevo como quem rouba.
Sem chamar nenhuma atenção.
Como quem fabrica uma bomba.
No meio do serviço, sem que ninguém me veja,

eu escrevo nestes segundos fugidios.
O que me coube neste mundo, hein?
Furtar ao tempo o instante.

Encosta o ouvido,
Estamos no tempo da alta definição.
Escuta esse radinho de pilha.

Note-se que mesmo formalmente há um movimento que parte da hesitação proposta pelos três primeiros versos reticentes da primeira estrofe – sugerindo uma escrita descontínua e intervalar, como se o texto fosse de fato lido e escrito entre duas estações – para chegar aos três primeiros versos diretos da segunda – que demonstram a agilidade de uma escrita que deve passar despercebida. Em ambos os casos há uma fratura no quarto verso das estrofes, salientando que a poesia não tem lugar definido: ela acontece no *intermezzo*.

Em seus poemas, Skylab traduz o não-lugar, o espaço fronteiriço, a margem que a literatura (com seus processos de produção, circulação e consumo) ocupa em nossos dias. Além disso, o espaço da margem alia-se ao ambiente urbano, que serve de cenário tanto a uma modernidade que foi aos poucos se solidificando, quanto às contradições inerentes ao caos citadino: se por um lado a realidade urbana se mostra como matéria interessante por sua novidade, velocidade e efemeridade, por outro ela serve de berço a uma série de problemas advindos de uma modernização econômica baseada na desigualdade resultante das novas relações sociais, trabalhistas e humanas (ROCHA, 2012).

Ordenando simbolicamente a vida nos grandes centros urbanos encontra-se uma lógica de consumo que reifica cotidianamente os indivíduos de modo que, cada vez mais, cada um vale por aquilo que produz socialmente. Diante disso, poemas como 'Curriculum Vitae' apresentam ao leitor a possibilidade de estar à margem como um exercício de silenciosa resistência:

Não tenho curso de informática.
Não fiz estágio em lugar nenhum.
Não sou ligado à internet.
Não tenho fax, nem micro.

Nome: esqueci.
Faculdade: abandonei.

A postura do eu-lírico é lacônica, contrastando com o frenesi de uma realidade que exige dele uma série de atributos que ele não tem e não quer ter. Como o Bartleby de Melville, o eu-lírico parece fitar as imposições e responder apenas "Prefiro não fazer" (MELVILLE, 2009, p.17) à lógica que transforma sujeitos em engrenagens que garantem o bom funcionamento do sistema social.

Para Lukács, o processo de reificação pressupõe que "a essência da estrutura da mercadoria foi enfatizada frequentemente, e tem por base que a relação entre as pessoas assume o caráter de uma coisa e, assim, adquire uma 'objetividade fantasmática'" (LUKÁCS, 2015, p.13 – tradução minha). Considerando a consciência de Skylab sobre o próprio tempo, não é totalmente gratuita a presença constante de fantasmas em sua poesia – frutos daquela objetividade fantasmática resultante da reificação, como proposto por Lukács.

Dos pássaros que voam sem rumo "como bando de fantasmas" no poema 'Minha casa' aos sussurros de uma casa assombrada em 'O nada', e ainda os vários eus que povoam o poema 'Eu' – inúmeros são os fantasmas em *Debaixo das rodas de um automóvel*. Coincidência ou não, Platão atribuiu o termo *phantasma* aquilo que hoje chamamos de 'simulacro'[7]. Como num baile de máscaras onde o grotesco e o sublime se confundem, os poemas do livro compõem uma verdadeira Noite de Walpurgis na qual Skylab faz as vezes de Mefistófeles que faz dançar os simulacros que constrói – aliás, com isso o epíteto de "cadáver da música popular brasileira" ganha novos significados.

Em meio ao caos urbano transposto por Rogerio nas páginas do livro, evidenciam-se ainda dois temas sobre os quais falarei brevemente: a violência e o grotesco – que aqui figuram como dois lados de uma única moeda. De acordo com Tânia Pellegrini, não se pode negar que

> a violência, por qualquer ângulo que se olhe, surge como organizadora da própria ordem social brasileira e como um

[7] Veja-se Paul Ricœur (2007, p.31).

elemento constitutivo da cultura; como consequência, a experiência criativa e a expressão simbólica, como acontece com a maior parte das culturas de extração colonial, estão profundamente marcadas por ela. (PELLEGRINI, 2008, p.179).

De maneira que, se por um lado pode-se ler a violência em Rogerio Skylab como um traço de humor negro, por outro, não se pode deixar que essa leitura de primeiro nível desvincule a obra de Rogerio de um campo artístico e estético que extrapola o risível e torna-se a um só tempo fruto e representação de uma violência que é constitutiva da nossa sociedade. Em outras palavras: o riso causado pelo tema da violência como proposto por Skylab é sempre sardônico por revelar as bases nada risíveis da cultura brasileira.

Ademais, no caso da literatura brasileira contemporânea, outro fator deve ser considerado na equação: a ditadura militar. Ao comentar a obra de Rubem Fonseca, Karl Erik Schøllhammer afirma que o crescimento da temática da violência na literatura brasileira a partir da década de 1960 é um reflexo da violência institucional: "se a realidade social é violenta e autodestrutiva, é apenas consequência de uma violência maior do próprio sistema, que por sua vez acaba legitimando a violência social" (SCHØLLHAMMER, 2003, p.15).

De igual modo, Rejane Rocha defende que a partir da ditadura militar a literatura brasileira "se volta para a apreensão não só do espaço, mas também — e, talvez, sobretudo — da sociabilidade urbana" colocando muitas vezes em evidência "o cotidiano eivado pela violência de toda ordem, as drásticas disparidades socioeconômicas, a convivência dos contrastes culturais, as pequenas e grandes tragédias" (ROCHA, 2012, p.119).

Ora, a violência urbana de um país em que a lógica do capitalismo avançado ganha espaço definitivamente nada mais é do que o reflexo da industrialização e urbanização crescentes a partir dos anos de 1960 – daí a quase onipresença do cenário urbano em nossa ficção a partir desse mesmo período que tematiza de maneira cada vez mais explícita a violência social e as desigualdades inerentes a tal espaço. É a partir desse ponto de vista que nos escreve Rogerio, como se vagasse "numa cidade bombardeada,/ quando todos os seus habitantes/ já se puseram em fuga" ('Puro enigma').

A ditadura acabou, mas os seus frutos estranhos permanecem oscilando sobre nossas cabeças: a violência antes física tornou-se aos poucos discursiva, foi aos poucos sendo normalizada - e Skylab sabe disso visto que, em seus poemas, a violência não está tão presente nas imagens poéticas criadas, mas sim na linguagem articulada pelo autor. O texto de Rogerio Skylab é agressivo e visceral visto que o poeta escreve como se tivesse "o cano de um revólver/ encostado à cabeça" ('Puro enigma').

Em seu texto Pellegrini ainda afirma que o "desenvolvimento da literatura urbana necessariamente passa por espaços que, já no século XIX, podem ser chamados de *espaços de exclusão*" (PELLEGRINI, 2008, p.182). É nesses espaços onde viceja o lixo da história que Rogerio recolhe em suas poesias, sempre atento a tudo, observando cada detalhe como uma câmera de cinema – não gratuitamente vários são os poemas em que a contemplação e o ato de olhar ganham centralidade, e em todos eles proliferam indícios de um cenário urbano caótico e vertiginoso como em 'Ouvindo Jimi Hendrix', 'Rua da passagem', 'Corcovado', 'Feriado nacional', 'Uma divindade' e 'Vitrines', entre vários outros.

Diante de tal pano de fundo, a afirmação dostoievskiana de que "a beleza salvará o mundo" (DOSTOIEVSKI, 2015, p.428) se desloca, é esvaziada de seu sentido visto que a realidade se eiva de contornos cada vez mais grotescos.

Em seu prefácio a *Cronwell* (1827), Victor Hugo defende que se a mentalidade judaico-cristã divide em opostos que coexistem (céu e inferno, corpo e alma, Deus e o Diabo, pecado e santidade, claro e escuro, certo e errado, etc.), o modo de representar a realidade é eivado por uma lógica que pressupõe a coexistência entre o sublime e o grotesco, o belo e o feio, o elevado e o ridículo. Assim, de acordo com Victor Hugo, o grotesco e o sublime não são opostos que se excluem uma vez que ambos fazem parte da natureza do pensamento humano. Nas palavras do autor: "o grotesco tem um papel imenso (...) de um lado, cria o disforme, e o horrível; do outro, o cômico e o bufo" (HUGO, 2007, p.30-31).

Neste sentido, o uso do humor se liga de maneira direta à manifestação estética do grotesco, em uma concepção que se aproxima, de certo modo, daquela oferecida por Wolfgang Kayser (2009, p.40) segundo quem, o grotesco pode ser entendido como algo que desestrutura a ordem da realidade ao mesclar o riso e o horror.

Ademais, o riso também é associado ao grotesco por Mikhail Bakhtin visto que, para o autor, a estética do grotesco explora tudo o que é disforme, vil, baixo, erótico, engraçado e chocante visando rebaixar aquilo que é elevado visto que, por meio do exagero, chega-se ao riso: "imagens do corpo, da bebida, da comida, da satisfação de necessidades naturais, e da vida sexual. São imagens exageradas e hipertrofiadas" (BAKHTIN, 2010, p. 16).

Tendo em vista essas considerações sobre o grotesco não é difícil associar a poesia de Skylab a tal estética: seja nos personagens de 'Casa de cômodos', referidos como macabros pelo eu-lírico, mas bem podendo ser chamados de grotescos por desestruturar a ordem pregressa; seja na saliva translúcida da empregada a partir da qual o eu-lírico se perde em conjecturas sobre o universo ao seu redor em 'A baba'; ou ainda na fleuma presente em 'Amanhã vai ser um novo dia'; no personagem "em andrajos, tonto de fome" e com "as pernas cheias de pustema" que habita o poema 'Debaixo das rodas de um automóvel'; e na escatologia de 'O elevador' e 'O peido' – em todos esses textos há sempre o olhar oblíquo de Rogerio Skylab nos convidando ao submundo do grotesco que é, muitas vezes, o nosso mundo mesmo.

Em um de seus ensaios, o filósofo italiano Giorgio Agamben define o contemporâneo como "aquele que mantém fixo o olhar no seu tempo, para nele perceber não as luzes, mas o escuro" (AGAMBEN, 2009, p.62) – assim sendo, não é exagero pensar que Rogerio Skylab é um dos sujeitos mais contemporâneos de nosso tempo; e com este seu livro, ele nos convida a fitar, entre as luzes da cidade, as sombras de nossos dias.

Nicolas Neves

MINHA CASA

Apresento-vos minha casa:
quatro grandes colunas ajaezadas;
uma claraboia no centro
por onde avisto pássaros

a voar sem rumo
como bando de fantasmas;
a cama, onde durmo de olhos abertos
espreitando a madrugada;

as janelas, por onde chega a claridade
e o vermelho da romã nas árvores;
o gato, que dorme e não acorda;

o candelabro, que ilumina a sala;
e o vão da porta, que mais parece
o vão da minha alma.

HEMATOMAS

Uma estranha casa essa,
de cujo teto se desprendiam gotas,
como um vulcão em erupção contínua.
O teto, intumescido pela água,

tinha, em toda sua extensão,
hematomas, como a cara de um boxer.
Eu os olhava, deitado sobre a cama,
e as gotas caíam no chão.

Chegaria um tempo que haveria de levantar,
como de fato o fiz.
Mas naquele momento o que interessava

eram as bolhas, estranhíssimas,
com as quais conversava
num idioma sem ritmo e vão.

O NADA

A casa, dizem que é assombrada
porque de noite escutam-se
sussurros, talheres caindo
e passos junto ao corredor.

A medida que o morador afiava seus ouvidos,
os ruídos iam se tornando mais claros.
Podia-se já ouvir uma frase inteira
e outros ruídos a ela relacionados.

O estranho morador ia assim, pouco a pouco,
reconstituindo seus fragmentos.
Como quem restaura um quadro.

E eu ia escrevendo
como quem não quer nada.
E psicografa o nada.

CASA DE CÔMODOS

A travesti do quarto ao lado
retalhou a cara com navalha.
Por fora ninguém vê uma casa.
Para vê-la, é preciso estar dentro.

A professora de piano deu a bunda
e nunca mais pensou em homem.
O pederasta e o adolescente se amam.
Sinto tudo nesses cômodos escuros.

Alguém tomou ácido sulfúrico.
Ali vive um ex-líder político:
dorme o dia inteiro e quase não fala.

Como traduzir esse incômodo?
São todos personagens macabros,
tremeluzindo na noite de uma casa.

A MARGEM

Desde que me separei dos homens
e me trancafiei no quarto,
tenho escutado a vida.
Como se para escutá-la fosse preciso a margem.

Agora mesmo acabou a novela das oito.
O vizinho do lado está rindo.
Qual é o fato engraçado que o faz rir tanto?
Será mesmo engraçado?

Ou será ele um homem feliz?
A criança chora. O cachorro late.
E o homem ri cada vez mais alto.

Será isso então a vida?
Esse ruído infinito?
Esse burburinho que não para?

OS MEUS CASTELOS

A cada dia que passa
eu vou construindo os meus castelos.
Por exemplo, começo este dizendo:
acordei com uma puta vontade

de não fazer nada.
Quero ficar nessa varanda ordinária
- essa varanda que foi concebida
pra não se fazer nada.

Estou neste exato momento coçando o saco.
Mamãe, telefona pro meu chefe.
Diz que eu não vou ao trabalho hoje.

Vou ficar tirando meleca, mamãe.
Vou esfregá-la junto à parede.
E vai ser bom ficar assim.

VITRINES DE DOMINGO

Moro entre coisas efêmeras
num quarto de pensão impossível.
Ontem cedo matei dois ratos.
Aí está minha metafísica.

Sou um poeta errado.
Consumi muito de minha vida
deitado na cama e me masturbando.
Escrevo só para fazer de conta que vivi.

Olho pela janela do quarto
as vitrines fechadas da cidade.
Amanhã estarão repleta de luzes,

mas hoje adormecem como se ninguém as visse.
E mostram-se taciturnas, absurdas,
essas vitrines de domingo que eu olho tanto.

EU

Aqui está o eu.
Aqui, ali, acolá.
Sem travas na língua.
Eu vagabundo.

Abomino os heterônimos.
Eu nunca teve nome.
Eu é pura miragem.
Quando queremos pegá-lo, desaparece.

Linguagem (não é fotografia).
Arisco, imprevisível, epigrâmico.
O eu não é aquilo que supomos.

Aqui está o eu
e sei quanto é difícil dizê-lo.
É que o eu carrega todos os nomes.

EU, HEIN?

Acontece que desacontece.
Não fosse isso, eu nem ligava.
Como eu sou um expert
em passar os dias em branco,

eu não mexo um dedo
pra que tudo seja diferente.
Eu escrevo, isto é, eu autentico.
Eu sinceramente não sei o que digo.

É justamente isso que eu faço.
Esse eu no meio do caminho.
Eu que se fodeu.

Eu começo a desconfiar que ele sou eu.
Quem? Esse eu, o qual
nem eu mesmo sei quem foi.

OUVINDO JIMI HENDRIX

Estou na Quinta Avenida.
Mas poderia estar na Vieira Souto.
Ou então no Boulevar des Italiens.
Bem próximo ao Quartier Latin.

Poderia contemplar o Niágara.
Os antílopes da Etiópia.
A verguidão da Torre de Pizza.
Os Rolling Stones em Wembley.

Poderia estar ao mesmo tempo
com Napoleão, Mussolini, Miterrand.
Explodir o tempo e a geografia.

Mas estou no quarto ouvindo Jimi Hendrix.
E sei que isto é tudo
entre mim e o mundo.

A BABA

Ao abrir lentamente a maçaneta,
encontrei-a ali dormindo: minha empregada.
Vê-la naquela posição - barriga pra cima –
fez-me entrar em conjecturações infinitas.

As estrelas da Ursa Maior.
Os barcos que voltam vazios,
cujos tripulantes teriam tido, minutos antes,
o pressentimento que não voltariam.

Enquanto isso as crianças brincam
despreocupadamente nos jardins
e o gondoleiro canta.

Tudo isso vinha em jorros,
enquanto eu mirava a baba,
translúcida, num canto de sua boca.

AMANHÃ VAI SER UM NOVO DIA

Nunca amei ninguém.
Nem quando dizia que amava.
Num fim de semana com sol,
me tranco no quarto. E não saio.

Gosto é de ficar deitado
(nu em pelo)
a remoer sacanagens.
Vez por outra me levanto,

olho pela janela coisa nenhuma,
e volto de novo para cama.
Tenho a impressão de que meu pau é grande

mas nunca tive a curiosidade de medi-lo.
Corre o tempo em câmera lenta.
Amanhã vai ser um novo dia.

A VENEZIANA

A veneziana me olhou
e o seu olhar não tinha fundo,
assim como sua tez, cor,
e o seu corpo, volume.

A veneziana era um vácuo.
Um corpo sem órgãos,
em cujo ponto
meus olhos viam e não viam.

Assim como nós vemos a água,
o ar, e o vidro através do qual
vemos, da janela, a paisagem,

eu via também a veneziana.
Uma sombra difusa.
Uma imagem na água.

JANELAS

Houve um tempo que das janelas
se viam os campos, o mar ao longe.
Olhavam-se os telhados das casas.
Avistava-se o vizinho defronte.

Surgiram depois outras janelas.
A televisão ligada.
A janela de um ônibus correndo,
de um carro numa estrada erma.

Me lembro da janela do colégio
aberta e o professor desaparecendo...
Do Micro diante do meu filho.

Janelas de todos os feitios.
Como setas que nos enviam pra longe.
Para um mundo sem fim nem começo.

CORCOVADO

Numa das janelas avista-se o Corcovado
de braços abertos para o nada.
Eu também me sinto como ele,
leitor invisível, e assim permaneço.

Com os dois braços abertos
e sem nunca fechá-los,
o Corcovado é triste, solitário,
de todos e de ninguém.

Porque fechando os braços,
o abraço se completa.
E tudo se volta pra dentro.

Mas enquanto assim permanece,
estará sempre em compasso de espera.
Um abraço que não se encerra.

FERIADO NACIONAL

Eis mais um feriado.
O comércio fechou as portas,
as escolas interromperam as aulas,
e os pequeno-burgueses foram para suas casas
[de veraneio.

Aqui fiquei eu.
Cara a cara com o feriado.
Sem vitrines coloridas
e sem a rotina de mais um dia de trabalho.

Inapelavelmente nu e só.
Não pude ir à biblioteca
porque estava fechada.

Não pude ouvir buzina
e nem cheirar fumaça de óleo diesel.
Olhei pra mim e achei horrível.

UMA DIVINDADE

Saio pelas ruas exalando charme.
Muitas pessoas me olham.
Faço de conta que não as vejo.
Desprezo todos os Homens.

Estou usando uma camisa da Yes Brasil,
óculos Ray-Ban e mochila da Company.
Brilho no sol da manhã.
Tornei-me uma divindade.

Fui para o Rio Sul.
Olhei as vitrines, as vendedoras,
e subi, desci várias vezes.

Cheguei a sorrir pra uma passante
- mas isso foi uma extravagância.
Pudesse perpetuar esse instante.

RIO SUL

Caminho pelo Rio Sul.
Essas são as minhas trilhas.
Não passo por paisagens bucólicas
nem ando mais entre multidões na rua.

Estaciono o carro na garagem.
Desço as escadas rolantes.
Vou comprar um videocacete.
Por que não? Por que não?

Estou hoje sem pensamento.
Tenho estado sempre assim.
Agora passa uma jovem.

Olhamo-nos sem nenhum calor.
Somos puros fantasmas.
Nada mais nos atinge.

A VENDEDORA

A vendedora de um shopping
perguntou meu nome.
E arrastou-me como uma avalanche
para um mundo de luzes e cores.

Não obstante, as mercadorias
não valiam nada,
perto da que eu tinha ao meu lado
- a mercadoria mais rara que já vi.

E me tratava como se fôssemos íntimos.
Como se já tivesse beijado sua boca
ou adentrado seu corpo.

Comprei de fato uma calça Lee?
Ou terei comprado uma outra coisa
(um instante de puro frenesi)?

ERA E CONTINUO

Numa boutique de nome extravagante,
uma vendedora se apresenta:
- olá, como vai?
Podia ser minha amante,

penso comigo e continuo.
Olho nos olhos de uma passante
mas não sinto nenhum frisson.
Ela também me olha,

não sente nenhum frisson e continua.
Numa vitrine paro abrupto:
a iluminação, as cores, os motivos...

Estou cansado.
Vim para comprar algo.
Mas esqueci do que era e continuo.

VITRINES

Andei por uma paisagem de vitrines:
cachorrinhos de pelúcia, tailleurs,
relógios de pulso, CDs importados.
Essa é a minha geografia.

Olho porque nada me resta
senão olhar as mercadorias expostas.
Olho para não morrer
e bem sei que isso é tudo.

Olhar as pernas da passante,
as rodas do carro, o sol
que se levanta e se põe todo dia...

Olhar é tão distante.
Olhar até o fim da vida
- a pena que se cumpre sem descanso.

MEUS IRMÃOS

Meu modelo é Michael Jackson
- o negro que ficou branco.
Nele, tudo é estilizado
- a natureza não conta.

Estou usando uma bota do exército
e vou caminhando por várias ruelas.
Não tenho ninguém como companhia.
Dialogo com os paralelepípedos,

com as fachadas dos bancos,
que neste domingo perderam o sentido,
e dialogo sobretudo com um pedaço de
[para-lamas

abandonado e esquecido num canto.
São esses os meus irmãos,
meus amigos de fé, camaradas.

SEM TÍTULO

Esquivo a dobrar esquinas,
com seu dorso maleável,
ele caminha, suave, sem ninguém notá-lo.
Lépido, salta de um muro ao outro

e faz um arabesco no ar.
Quase não emite som e continua
léguas e léguas de distância.
Seus olhos são incêndio

que a noite inflama.
Seu pelo eriça: estático,
ele tem os olhos fixos.

Arma o bote e agarra.
Suas linhas, retas e curvas
que se insinuam e se multiplicam.

RUA DA PASSAGEM

Moro na rua da Passagem, em Botafogo.
Aqui todos passam, menos eu
que moro no meio dela,
incrustado no seu cerne.

Como uma lápide que se fecha,
eu escuto os automóveis,
os freios, o último grito do atropelado
e permaneço quieto.

Estou aqui, na rua da Passagem,
faz já cinco anos.
E continuarei mais tempo ainda.

Façam disso o inferno.
Muitos vociferam, soltam praga...
Eu permaneço quieto.

UMA NOVA PRIMAVERA

Brilha o sol da manhã.
O ônibus contorna a enseada de Botafogo.
Vejo o bondinho no alto do Pão de Açúcar.
Ao meu lado, um homem gordo lê o jornal.

Manchete: O BRASIL VAI MAL.
Então abro a janela. Vento na cara.
O homem gordo continua imperturbável.
Lá fora, o sol brilha entusiasmado.

Olho pro mar, pro céu, pro pescador
que fica com a linha na mão.
O gordo ao meu lado não percebe nada.

Eu também estou com a linha na mão.
Exatamente como o pescador,
espero, em silêncio, uma nova primavera.

ÍNDIO INFINITO

Um índio passeia pelo calçadão de Ipanema.
Entoa um canto guerreiro
mas o que soa mesmo é o último sucesso do
                        [Globo de Ouro.
As ondas se desmancham e formam-se de novo.

Lá vai o índio de walkman e tênis adidas.
Olha deslumbrado o requebro da mulata.
O intelectual diz que é genocídio cultural
mas o índio não se importa e ri dos intelectuais.

As ondas parecem caleidoscópio
e o índio sente-se feliz por estar ali.
Índio infinito: sem verdades e sem memória.

Estrangeiro por vontade própria.
Desencontrado de si e dos seus.
Um índio tomando coca-cola.

LEONARDO DA VINCI

Roubei mais um livro hoje.
Desta vez foi a Leonardo da Vinci.
Enquanto tocava "Jesus Alegria dos Homens",
eu introjetava um volume na bolsa.

Tenho cerca de 500 livros roubados.
São três estantes apinhadas.
Leio de manhã, de tarde e de noite.
Sinto-me reconfortado.

Às vezes o vazio é úlcera.
Outras vezes nada:
distanciamento zen.

Assim não há escapatória.
Tudo que faço é vazio.
Folheio o livro e cheiro suas páginas.

VAGABUNDO

Tudo que li, esqueci.
Apenas restaram, na memória,
algumas palavras, ecos,
de uma Atlântica submersa.

Túnica Inconsútil. Sertão.
Heliogábalo. Sarça Ardente
(entre elas nenhuma ponte).
Sargaços. Eu. Unicórnio.

Cabeça pendurada no poste.
Cavalo de Tróia. Édipo Rei.
Estou de fato entre todas essas palavras.

E me sinto como elas.
Errando no tempo e no espaço.
Vagabundo. E sem história.

MAR DO NORTE

Nas águas geladas do Mar do Norte
desponta um iceberg
(esse é o depoimento de quem nunca viu
[um iceberg).
Nasci na puta que pariu.

Faço a poesia possível.
Nas esquinas de Rio Branco com Alte. Barroso,
a fuligem cai sobre a multidão.
Parece os Alpes se não fosse plano.

Vou me esquivando como quem esquia.
Essa é a minha Groenlândia de 42°C.
Se eu fosse o Fernando Gabeira

poderia contar as aventuras do exílio.
Como não sou, vou pela avenida,
compondo absurdas poesias.

PURO ENIGMA
A Walter Franco

Como foi que aprendestes
a caminhar a esmo?
Um flâneur na hora do rush.
Um eremita na cidade grande.

Que método esse de compor
numa cidade bombardeada,
quando todos os seus habitantes
já se puseram em fuga?

Ler Ulysses num campo de batalha.
Decifra-me esse teu estilo
de contrastes, puro enigma.

Com o cano de um revólver
encostado à cabeça,
a espinha ereta e o coração tranquilo.

CENTRO DA CIDADE

Arde a tarde.
O facho do sol a iluminá-la.
Passear pelo centro da cidade,
enquanto os outros trabalham,

é ouvir o mar que bramia.
Ainda que eu esteja na Uruguaiana,
na rua do Ouvidor
e logo em frente seja a Primeiro de Março,

arde a tarde
e os empregados não podem vê-la.
Um mar enorme a minha frente.

As ondas batem na pedra.
Flocos de espuma como se fossem neve.
Os empregados não podem vê-la.

O ELEVADOR

Enquanto o elevador subia...
(e vinha cheio de executivos,
secretárias bem-dotadas,
perfume francês, revista *Time*).

O elevador vinha subindo...
(e falava-se de ações,
da última valorização do dólar
- todos juntinhos irmanados).

Espremido no meio deles,
a olhar um par de seios,
soltei um peido baixinho.

A quem acusar?
Fotografia instantânea:
esgoto e jasmim.

O PEIDO

Para todos os funcionários
que se dizem competentes
e exercem cargo de comissão...
um peido.

Daqueles podres
que saem das entranhas.
Peido sem som, os piores.
Peido para um funcionário sorridente.

E tão bem situado.
Dos que compram casa própria com fundo
[de garantia
e têm assistência médica de graça.

Para esse funcionário-família
e com um bom seguro de vida,
meu peido.

CURRICULUM VITAE

Não tenho curso de informática.
Não fiz estágio em lugar nenhum.
Não sou ligado à Internet.
Não tenho fax, nem micro.

Nome: esqueci.
Faculdade: abandonei.
Não dirijo, nem falo inglês,
se é que você me entende.

Experiência em ficar sentado no sofá
tirando meleca.
E de vez em quando escrever à mão

coisas de somenos importância.
Assim como esse curriculum.
Quem sabe um dia não sou aproveitado?

UMA ESTAGIÁRIA

Estágio: esta sensação de passagem
(um certo modo de estar).
Ser por um breve tempo.
Ficar: seu modo mais certo.

Como ela, sem o peso dos anos.
Oca e leve.
Arremedo de funcionária:
maravilhosamente bela.

Uma estagiária sem amanhã.
E que no entanto brilha,
anunciando a manhã.

Lá vem ela, lépida e fagueira.
Pudesse lhe perguntaria...
Mas tudo passa pelos seus desvãos.

CACOS DE VIDRO

Você pede para que a beije.
Mas nesse momento o que importa
são os cacos, espalhados,
sobre o chão da sala.

Alguns com a ponta virada,
esperam, pacientemente, um pé
desprevenido e nu.
Outros refletem a claridade.

Há também os que se afastam do grupo
e permanecem invisíveis,
alheios ao que se passa.

Permanecerão ali, no rodapé da sala,
por muito tempo, até que
um empregado mais diligente os varra.

RADINHO DE PILHA

Num lapso de instante...
como quem lê um livro
entre duas estações...
eu escrevo rápido pra não dar na pinta.

Escrevo como quem rouba.
Sem chamar nenhuma atenção.
Como quem fabrica uma bomba.
No meio do serviço, sem que ninguém me veja,

eu escrevo nestes segundos fugidios.
O que me coube neste mundo, hein?
Furtar ao tempo o instante.

Encosta o ouvido.
Estamos no tempo da alta definição.
Escuta esse radinho de pilha.

FÓSSEIS E ESTRELAS

Escavando o solo encontramos fósseis:
vértebras de mamíferos extintos há milhões
                        [de anos;
um senador romano debruçado sobre um papiro;
dois amantes em posição de cópula.

Olhando o céu eu vejo estrelas.
Algumas das quais nem mais existem.
Mas o brilho delas ainda nos chega,
tamanha é a distância que nos entremeia.

Estou voltando do trabalho.
Antes voltava de ônibus.
Hoje volto de metrô.

A menor distância entre dois homens
é maior que a dos fósseis e estrelas.
E, no entanto, o metrô hoje está tão cheio.

O AMOR

Mais uma vez nos olhamos.
Você parecia quem?
Um cadáver indo pro trabalho.
Ainda assim me olhou.

Eu também te olhei
com as minhas olheiras profundas
de quem passa as noites em claro.
Quando nossos olhares se cruzaram

não provocaram crispação nenhuma.
Ficamos tão calmos.
Você ia para um lado,

eu para o outro.
O amor desses nossos tempos.
Precisamos escrevê-lo.

PERGUNTAS E RESPOSTAS

Em verdade vos digo:
há muito que não compreendo nada.
Cheguei a perguntar muitas coisas,
mas ninguém as ouvia.

Em verdade vos digo:
estávamos numa danceteria.
O som era mais alto
e nem eu e nem ela nos ouvíamos.

Conversa mais desbaratada não havia:
eu perguntava uma coisa,
ela respondia outra.

E nos acostumamos assim:
a uma pergunta, nenhuma resposta;
e uma resposta de pergunta nenhuma.

CAFÉ DA MANHÃ

Esperávamos tanto um do outro.
Imaginávamos até uma chama eterna.
Dessa vez tudo há de ser diferente
– foi o que tacitamente nos dissemos.

Cheguei a balbuciar algumas palavras
- todas elas dispensáveis -
na vã esperança de fixar
o volátil e o sem nome.

Terminado o gozo, porém,
viramos cada um pro lado
e dormimos o sono dos justos.

De manhã, acordamos com os passarinhos,
não trocamos uma palavra,
tomamos café e nunca mais nos vimos.

DESAVISADAMENTE

Você que, desavisadamente,
como quem escorrega numa casca de banana
e cai, se encontra aqui, defronte a mim,
a mente e o coração vazios.

Sei o quanto isso te amola.
Sei também quanto teu tempo é precioso.
Mas espera um pouquinho.
O soneto já vai acabar.

Estamos entrando na reta final.
Viu como nada disso te faz mal?
Creia em mim.

Estamos nos últimos momentos.
Não quero dizer coisa alguma
senão "muito obrigado, até nunca mais".

TRESLOUCADA

Uma menina tresloucada
pediu-me que a ouvisse
- tinha algo importante a dizer.
Pus-me então a ouvi-la.

À medida que falava, seus cabelos
balançavam de um lado ao outro,
como uma bandeira negra.
Nenhuma de suas palavras igualava-se

àquela bandeira, negra, que se desfraldava.
Interrompi sua fala e perguntei sua idade.
Ela me respondeu 15 anos.

Então abri o fecho éclair de sua saia.
O sol entrava por uma fresta.
E o meu maior poema é o instante.

COUVE-FLOR

Couve-flor, uma flor em si.
Ensimesmada, sem buquê.
Que ninguém pudesse pôr na lapela.
Uma flor planejada.

Enfim, uma flor que alimentasse.
Flor-funcional. Inviolável.
Que não produzisse volúpias
como a flor do ópio.

Fosse isso suficiente. Mas não é.
Flor-bruta, abrupta,
que se abre como um cancro.

Flor amarela, flor-infecção.
Como o cu do meu amor.
Perversa e cheia de flocos.
.

FANY ARDANT

Passei o dia todo estudando filosofia.
Estou cansado. As costas doem.
Vou agora à Massagem.
Distraio e volto de novo para casa.

Tem sido assim minha vida:
sem nenhum sentido prático.
Existo tão somente insensível
às alegrias e tristezas.

A travesti que me atende
usa um vestido de organdi preto
e parece a Fany Ardant.

Vou despindo-a lentamente.
Ela pergunta se sou ativo ou passivo.
Ativo e passivo, respondo baixinho
                         [no seu ouvido.

MISSIVA I

Escrevo-te essa missiva
pra informar que meu falo
continua ereto, em riste.
E que tenho passado os dias

sem rumo e sem prumo.
Invento, iconoclasta que sou,
algumas imagens desconexas.
Espremo e exprimo névoas

que são muito menos que nuvens:
estas se transformam em chuva;
aquelas, rocio.

Escrevo-te, devagarzinho,
como quem conta estrelas no céu,
sentado numa cadeira elétrica.

SINFONIA

Seu Ari sugeriu que ficássemos nus,
um diante do outro.
Naquela tarde as cigarras cantavam,
os cachorros latiam e minha mãe me chamava.

Ficamos nuzinhos e felizes.
Nossos paus endurecidos se beijavam
como dois passarinhos num ninho.
Minha mãe, cada vez mais enraivecida,

junto com as cigarras e os cachorros,
completava a sinfonia.
O ritmo dos corpos na cama,

o barulho das línguas
e um gemido que se ouvia, também.
Tudo era música no meu ouvido.

SEU ARI RI

Passei o dia todo com seu Ari.
Ele falou do Rio antigo.
Mostrou fotografias de quando jovem.
Disse que namorou Adalgisa Neri.

Seu Ari conversou com Graciliano Ramos
na livraria José Olympio.
Foi campeão de basquete pelo Fluminense.
Frequentou a Colombo, o Lamas.

Seu Ari agora é um monstro.
As pernas não aguentam o peso do corpo.
Solta peidos horríveis, a memória não funciona.

Seu Ari sabe que vai morrer a qualquer momento.
Sabe também que sua vida foi um embuste.
Mesmo assim Seu Ari ri.
.

IMPOSSÍVEL

Esse meu caderno de notas
contém o impossível.
Porque é a ele que eu dedico essas frases.
É pelo labirinto delas que eu te procuro

e te construo, Impossível -
por essas frases sem perfume.
Frases de quem fala: olá, como vai?
É assim que o meu impossível sai.

Chovia torrencialmente na cidade do Rio
[de Janeiro.
Estiada a chuva, uma brisa entra pela janela.
E roça meu braço, meu rosto, meu cabelo.

O meu corpo insaciável se deixa acariciar.
Essa brisa que bem podia ser um beijo, um
[abraço
e que podia falar ao ouvido palavras de amor.

MEMORANDOS

Releio rascunhos das cartas de amor
e não duvido tê-los escrito.
Duvido tê-los sentido
- como se amar fosse impossível.

Releio como se pudesse apalpar
e só restasse o vazio.
E que, quando escritas, as palavras pareciam
outras. Hoje são ocas.

Então foram pra isso?
Releio cartas de amor e não duvido
que pudessem elas enganar-me tanto.

Foi quando descobri os memorandos
- rápidos e sem nenhuma sutileza -
como uma porrada no estômago.

UM CÉU DIÁFANO

Uma nuvem diáfana percorria o céu
seguida por muitas outras.
E eram tantas que pareciam ilhas
flutuantes a singrar mares.

Iam ao sabor dos ventos
até formar um continente,
cuja língua todos conheciam
e era um bálsamo para os ouvidos.

Assim ele ia divagando
enquanto a ambulância não vinha.
E já nem sentia suas pernas esmagadas

sobre o calor insuportável do asfalto.
Um pivete aproveitava para roubá-lo
e ele para mirar o céu diáfano.

DEBAIXO DAS RODAS DE UM AUTOMÓVEL

Em andrajos, tonto de fome,
tinha ao menos um conforto:
ia pra lugar nenhum
porque já tinha chegado.

Um vento gélido soprava
e, enquanto se arrastava,
as pernas cheias de pustema,
no céu as nuvens negras.

Pra onde ia ele
se, já no fundo do poço,
impossível ir-se mais fundo?

Mas ele ia, mal contido em si.
Agora mesmo, debaixo das rodas de
 [um automóvel,
ele ainda acredita no pior.

O TRANSEUNTE E O MORTO-VIVO

"Cada um na sua
Mas com alguma coisa em comum."
Esse foi o pensamento de um transeunte,
entre milhões de outros,

a caminho do trabalho.
Quem o fez pensar assim?
Um atropelado, meio-morto meio-vivo,
à beira do caminho.

Ao vê-lo, o transeunte dissera
como quem pede desculpas e continua.
O morto-vivo idem.

Nas últimas, olha o transeunte e repete:
"Cada um na sua,
mas com alguma coisa em comum."

ARTE

Podia ser o voo de um anjo
rasgando a noite escura.
Um anjo que entrasse pela janela do quarto,
advindo de outras esferas.

Um anjo que pousasse na cabeça
de um leitor entretido
e, por sua influência, interrompesse a leitura.
Novas imagens se sucederiam.

Outros ritmos, outras músicas.
O leitor, a se contorcer no chão,
nos faria lembrar o MOMIX no Municipal.

Então, reconheceríamos o valor da arte:
a bala de um fuzil transformada em anjo;
um crime, em dança.

UM FURO

Havia um furo bem no meio.
Pelas bordas podia se ver,
senão imaginar, o inimaginável:
o furo ali estampado.

Imaginam-se as tripas, as vísceras,
as convulsões, a hemorragia...
- porque tudo isso é possível.
Até mesmo o olhar absorto

de um Homem que vai morrer,
a gente pode imaginar.
Por exemplo: ele foi à padaria

e nunca mais voltou pra casa.
Mas aquele furo não dizia nada.
Era um furo fora de toda História.

QUE ROUPA DEVO VESTIR HOJE?

Que roupa devo vestir hoje?
Talvez tenha sido sua última pergunta.
Diante dos vestidos perfilados,
era como se entreabrisse sua própria vida.

Este de seda ganho no verão de 43.
O tailleur azul quando de sua primeira viagem
à Itália. O lenço comprado em Roma
às vésperas de sua visita ao Papa.

Todos eram ela.
Em transe, perscrutava cada tecido,
cada malha, como se pudessem alguma coisa.

O câncer já lhe comia as entranhas.
E, no entanto, ela perguntava sonsa,
como só ela poderia perguntar.

À BEIRA DO LEITO DE MORTE

Estranha sensação de mistério:
Vê-los junto a mim
num último adeus.
Pudessem abreviar aquele momento

e partiriam correndo em direção às ruas.
Meus entes queridos.
Tomados de terror e pânico
diante do câncer que me consumia.

Eu podia ver mesmo um frêmito
que perpassava um por um.
Um tremor nas mãos

como se eu, doente, fosse são
sobre o leito de morte.
E doentes fossem eles.

INSTANTE

Minha cidade é vermelha
como é o pôr do sol,
a poeira das estradas,
e o rubor de quem sente vergonha.

Luz vermelha de zona
- é com ela que eu ilumino a cena:
estava no nono mês de gravidez
e foi atropelada por um ônibus.

Minha cidade é vermelha
como o sangue da infeliz
que agoniza agora nos últimos instantes.

Está perdendo o filho e a vida.
Que absurdo! a multidão exclama.
Eu, no entanto, digo sim a tudo.

ESPAÇO EM BRANCO

Pudesse que tudo fosse
hálito, antes de ser palavra.
Menos que pensamento.
Apenas ar a sair da boca.

E fossem todas essas frases
alinhavadas como um frêmito.
Porque só assim não diriam nada:
água por entre os dedos.

Ontem à noite não usei camisinha.
Em verdade nunca a uso.
Transo em banheiros públicos, saunas,
[clubes privês.

A poesia não é serviço de utilidade pública.
Voltando pra casa, levei um susto:
à minha frente o espaço em branco.

CALDO DE CARNE

Já que existe a poesia de João Cabral
                [de Mello Neto
- estranha pedra bruta
que machuca os dentes -
quero que também exista

a poesia-água - aquela que desce
pela garganta e não arranha,
não cheira e não tem cor.
E sendo assim tomada

em goles rápidos e grandes,
não se imagina o contrário.
Seu efeito retardado

trai nossa primeira impressão.
Não era água que tomávamos.
Era caldo de carne em putrefação.

Controle de Qualidade

37

O POETA

Escrever poemas é não ter pensamentos:
olhar pra dentro de si e não ver nada.
É assim que de fato se começa um poema.
A gente olha pra si e não vê nada.

Sorridente o poeta continua
em meio ao alarido dos que tentam
se proteger em abrigos antinucleares.
Impossível informá-lo do que acontece.

Só ele vislumbra uma paisagem
longe de todos os olhares.
E vai resoluto até ela.

Um estilhaço o atinge.
Mas o que importa o estilhaço
se o que ele vê é o impossível?

POESIA

Você não vai ganhar concurso nenhum.
Ninguém lembrará seu nome.
Passados os anos, bem velhinho,
você se lembrará: da esperança -

esse monstro de sete cabeças;
o esforço empreendido sem êxito
(porque não há dúvidas:
você buscava o reconhecimento);

e você se lembrará sobretudo
daqueles raros momentos
em que te vinha a intuição

de que nada te aconteceria -
e ainda assim você escrevia.
Estranho: principalmente aí você escrevia.

O POETA E O POEMA

O trem aproxima-se da estação.
Fim de mais uma viagem.
Na plataforma, dois namorados se abraçam,
e se acariciam, e se dão as mãos.

O trem vai parando.
Cada vez mais eu vou me aproximando.
Na mão de um dos namorados,
o repentino brilho de um punhal.

O trem parou. Fim de estação.
Os dois duelistas estão agora exangues.
Posso vê-los melhor frente a mim.

Nem amor, nem ódio.
Apenas um poeta e um poema,
exaustos, se apunhalando.

ESCRITURA

Quantos não existirão a lutar,
em contendas de vida ou morte,
contra o demônio neles mesmos?
Muitos usam Coquetel Molotov,

e da luta saem rasgados,
maltrapilhos, e seu santo
é São Jorge Guerreiro.
Outros transformam a dor em alegria.

Não são guerreiros, são alquimistas.
E quanto mais sofrem, mais sentem prazer.
São devotos de São Sebastião,

em quem as flechas são beijos
e o corpo se abre para elas.
Entre os dois eu escrevo.

LENÇÓIS

Bem sei que poesia não vende.
O que poderia ela oferecer
senão essas linhas, que vão se alinhavando
lentamente no espaço em branco?

Vendem-se casas. Trocam-se automóveis.
Fazem-se negócios espúrios com o dinheiro
[público.
Compra-se dólar. Casa-se. Descasa-se.
Mas com a poesia faz-se o quê?

O linho branco dos lençóis,
pendurados no varal,
me diz que a poesia está ali:

em meio aos lençóis, o vento
e o sol fazem-me diante
de um mar imaginário e branco.

CLICHÊS

Não quero vos dizer coisa alguma.
Nada, que valha a pena dizer,
tem a importância do silêncio
- meu único companheiro.

Os seres humanos têm belas ideias.
Que as guardem para si.
Não faço a menor questão de ouvi-las.
Prefiro a elas, os clichês.

Com eles vou cobrindo o espaço em branco.
Como se construísse um castelo de areia.
Um vento mais forte o desmorona

e tudo fica como antes.
Viver entre clichês é assim:
sem futuro e tão instante

ERA UMA VEZ

Felizes os que têm fôlego
(romancistas, dramaturgos, roteiristas).
Minha estética é a falta de assunto.
Sonetos que não dizem nada.

Procuro uma estória.
Quero contar alguma coisa que possa te
[entreter.
Cheio de nostalgia escrevo: era uma vez.
E repito novamente: era uma vez.

O tempo vai passando
e não encontro nada que possa te dizer.
Então, ensandecido por um imenso vazio,

faço dessas três palavras
o sentido de toda minha vida:
era uma vez.

O MEU REFRIGERADOR

O meu refrigerador não funciona.
O gelo sempre em degelo.
Pensei mesmo em comprar um freezer.
Uma máquina de lavar louças, um microondas.

O meu refrigerador não funciona.
Eu já fiz de tudo.
Será que somos mesmo mutantes?
Vou comprar um ar condicionado.

Uma televisão de 20 polegadas e tela plana.
O meu refrigerador não funciona.
Chamei um técnico, ele consertou e voltou a
[ficar ruim.

Se não funciona, qual sua função?
Ficar parado na cozinha.
Como uma esfinge, um espelho, uma poesia.

HORAS A FIO

Oh Senhor, Deus do universo,
concedei-me a graça da inspiração:
esse esforço filho-da-puta,
que consiste em permanecermos quietos
                              [na poltrona.

Muitas vezes passamos noites inteiras,
até que num dado instante,
a inspiração chega.
E captamos o instante.

E raptamos o instante.
Escrever poesia é furtar ao tempo o instante.
Oh Senhor, Deus do universo,

eu não acredito em ti.
Por isso eu fico sentado nessa poltrona,
horas a fio, como quem desconfia.

POEMA NA PRAIA

Assim como ela olha pras ondas
que se deixam derramar na praia,
também ela se derrama, se espraia,
como se fosse onda.

E não pensa em nada
senão deixar estar:
onda quieta, imóvel,
no calor da praia.

Se ambas, mulher e onda,
são gêmeas almas,
e uma se explica na outra,

também esse meu poema,
cópia da cópia da cópia,
imita as duas e se espraia.

GAVETA

Esse poema é pra você, gaveta.
Mais um pra tua coleção
de avis rara e sem asas.
Se o mundo não os quis,

você deu a eles vida.
E quantos não terão nascido
com a esperança de serem um dia lidos?
Gaveta inexorável dos meus sonhos.

Todos dentro de você
aprendem a difícil lição do tempo.
E os poemas viram papéis velhos.

Todos estão mortos e felizes.
Como se, de volta ao útero,
vivessem o êxtase do esquecimento.

FORA DO AR

Fim de noite. Os canais saíram do ar.
É um fim de noite total.
Na televisão só o pontilhado.
E não há mais nada - nem uma mera música.

Estaco diante do pontilhado.
Por que não desligo e vou dormir?
Os programadores das estações recomendam:
vai dormir, amanhã tem mais.

Mas eu continuo firme, lúcido,
diante da televisão ligada.
Os pontilhados não me dizem nada,

mas eu não desligo. E resisto.
Não vou dormir.
Vou ver televisão até o amanhecer.

NOITE

Quantos não estarão fazendo amor
nesta noite de chuva e frio?
As crianças adormeceram
e as televisões do mundo inteiro foram
                      [desligadas.

Ouvem-se apenas os pingos da chuva
- intermitentes chuvas de fim de estação.
Quantos não estarão de rosto colado
até que o sono os separe?

Adormecerão felizes (ele principalmente).
Sonharão com peixes, catedrais, arco-íris.
Acordarão no meio da noite e ficarão juntinhos

até que o sono os separe de novo.
Aí a chuva continuará a cair, a cair...
e a noite será só minha.

NOITE MAIS NEGRA

Pronto: chegou a noite mais negra.
Porque em verdade existem várias gradações.
Tem um momento que a noite é televisão,
barulho de talheres, jogo de cartas...

Tem uma hora que a noite é abajur aceso.
Mas sempre seguindo a galope
na direção da última
- a que me encontro agora.

Converso com o espírito de meu pai.
Ele me dá conselhos, põe a mão na minha
cabeça, olha para mim com saudades e se vai.

Queria tanto lhe fazer outras perguntas...
Mas vem chegando a manhã.
E com ela, a poesia se vai.

UMA MÚSICA SERENA

Já que por todos os lados,
pó, deserto e nada.
Nenhum engenho que me orgulhasse.
Nenhum amor que me distraísse a vista.

Pó, deserto e nada.
No quarto desarrumado.
Na cama por fazer.
Nas roupas jogadas por todos os lados:

pó, deserto e nada.
Estranha canção.
Monstros batem à minha porta.

Moscas varejeiras sobre um pedaço de pão.
Estou apodrecendo!
E ainda assim essa música serena.

"DEU-SE QUE"

Deu-se que o tempo
foi passando e não aconteceu nada.
10, 20, 30 anos, agora 40.
E posso lhes jurar: não aconteceu nada.

Daí que uma ou outra:
ou não sou bom da cabeça
ou comigo o tempo não passa,
pois nem parece que envelheci.

As coisas permanecem como sempre foram.
Minha mãe não morre.
Meu pai, minha tia, meu avô.

Todos continuam inalteráveis, absolutos.
Eternidade chata.
Explique isso, seu doutor.

A ÚLTIMA QUIMERA

Como faziam os romanos,
vomitar completamente.
Em golfadas, arrotando.
Encurvado de tanto vomitar.

Bota-se o dedo na garganta.
Macarrão, pedacinhos de tomate, feijão preto...
Uma gosma grudenta,
amor, eu te ofereço.

Vomitar até o poder de vomitar.
Em cada ânsia de vômito,
vomitar tudo: as vísceras;

a flor da última quimera.
Vomitar a si próprio.
Vomitar completamente.

TAL E QUAL

Num campo cheio de flores
- glicínias, violetas e jasmins,
um bando de urubus sobrevoa.
Assim é um corpo nu e violado

às margens de um rio sereno.
Inusitada paisagem.
Em toda parte, contrários.
Eu, um colecionador inato.

A caminho da padaria de manhã cedinho,
um cachorro revirando o lixo.
Na volta, um mendigo. Amanhã, eu

terei perdido o que tenho,
e nas esquinas do tempo
estarei tal e qual eles.

DEIXE ESTAR

E quando chegar o momento,
não faça nada.
O momento, puto da vida, ficará.
Ainda assim não faça nada.

O momento, puto da vida, partirá.
Deixe que o momento vá.
Outros correrão atrás.
Continue como sempre estás.

Qualquer desejo intempestivo...
Uma vontade por menor que seja...
Fique onde estás.

Parada no meio de tantos acontecimentos,
não faça nada, my love.
Deixe estar, deixe estar.

ENTÃO TÁ

Então tá. Laconicamente
e nem precisava tanto.
Ficou a flor do nada:
"então tá " - cujo nome científico é.

Então tá é tudo que se quis:
mera locução, pura linguagem.
Então tá o quê?
Sei lá. Então tá qualquer.

Então tá e só.
Então tá é tal que
nada que lhe preceda fica.

Então tá é tanto.
Não tem nenhuma utilidade.
Uma sombra? Então tá.

— INÉDITOS —

A MUÇULMANA

Parecia uma muçulmana.
Os olhos negros e suas olheiras
davam-lhe o ar de quem
passa as mil e uma noites

interditadas à minha presença.
Hieróglifo terrível.
Não havia véu que lhe cobrisse a face
e era como se houvesse,

um céu de nuvens negras
que vez por outra se entreabria
por um sol impossível.

Eu não entendia.
Entre o sol e as nuvens negras,
um arco, um elo.

BURACO NEGRO

Estranho amor ao qual se submetia
uma estranha dama, uma mademoiselle.
Como um barco perdido no oceano,
em meio às ondas, submergido.

Entregar-se tão completamente
que nenhum resíduo restasse de si.
Tal e qual a morte,
amar era desaparecer.

Foi assim que adentrou em meu quarto de hotel.
Havia nos seus olhos um desejo-suicida
que os tornavam maiores do que já eram.

Tinha os seus caprichos.
Vestia-se com refinamento
para mergulhar no buraco negro.

DETETIVE

Entrou na papelaria
e procurou um caderno vermelho.
Só escrevia à mão.
Caderno novo, vida nova.

Era detetive
e me seguia os passos.
Escrevia longos parênteses
(sucediam-se de forma ininterrupta).

Um dia, fui tomar um café na padaria
e, na mesa em frente, escreveu:
"acho que vai chover".

Seus cadernos eram cheios de fracassos,
rasuras, pistas falsas.
Um desenho distraído, uma janela aberta.

HOMEM-ARANHA

Antes de qualquer imagem
que me faça capturado
(como se fosse possível
fugir à captura

e eu não fosse já,
nesse instante que escrevo, escravo)
e antes até da ideia
de escrever esse soneto falso

quando tudo é silêncio e nada,
desconfio do Homem-Aranha
(sua teia tecida com nossos sonhos)

e escrevo que eu não vi,
o que eu não sou
e o que eu não acho.

MEU PAI

Eu dei à luz meu pai
no final de uma noite tenebrosa
depois de longas contrações.
O rebento nasceu aos gritos.

Eu não tive dúvidas: era meu pai,
o estrangeiro sem alma.
Nasceu numa caverna
cercado de lobos e traições.

Dei à luz meu pai
e sua concepção foi urdida
ao longo dos anos, solitariamente.

Muitos achavam impossível, mas era meu pai.
Nasceu de minhas entranhas
depois de longas contrações.

NÃO ESTÁ VENDO?

Parece uma formiga.
Pode ser esmagado com o dedo.
Está bem aqui a sua frente.
Não está vendo?

Não é um soneto invisível
porque à mostra.
Olha como se movimenta.
As suas letras, a sua quase rima

em constante risco.
Fazer de conta que não existe?
Fazer o que com ele?

Se a gente tenta segurá-lo, escapole.
Não tem massa, nem volume.
Se o esquecemos, aparece.

O CALOR DA NOITE FRIA

Nas correspondências de Kafka a Felice
existe um poema chinês do século XVIII
que ele o transcreve assim:
"Na noite fria, absorto na leitura

de um livro, esqueci-me da hora de ir deitar.
O perfume da cama se dissipou
e minha mulher, que até então a duras penas
dominara sua ira, apaga a luz

e me pergunta: sabe que horas são?"
Quando pega no sono,
eu ligo novamente o abajur

e continuo a ler as cartas
tal como Felice as lia e você me lê
no calor da noite fria.

O SONETO SUGERIDO POR MACHADO DE ASSIS

"Oh! Flor do céu! Oh! Flor cândida e pura"
às margens de um córrego
cheio de esgoto.
O adubo que te alimenta,

te fez crescer.
Flor do brejo,
onde crianças são desovadas:
é aqui teu habitat.

Floresces em meio às fezes,
epidemias e corpos mutilados.
Tua haste delicada, tuas pétalas,

foram forjadas no inferno.
Será assim teu epitáfio:
"perde-se a vida, ganha-se a batalha".

PENÉLOPE

Toda noite era assim.
E nada era combinado.
Pareciam Penélope.
Mas do que falavam, o que teciam?

Coisas sem importância:
brocados, bobagens, clichês.
E tanto sabiam que, vez por outra,
se entreolhavam e riam.

Para eles, "time is not money".
Era a forma que tinham
de fazer o tempo infinito.

Falavam, falavam e nada diziam.
Esticavam tanto o tempo
que ele reaparecia e desaparecia.

RUÍNAS

Meus poemas cumprem o mesmo destino
que os de um poeta esquecido,
cujos versos viraram ruínas.
E ele reconhecia nelas

o que antes era seu estilo:
buracos na superfície do texto;
lacunas, rasuras.
A ruína fazia vir à tona

o que eram seus versos:
"Eu, chamar-lhe seu não passa de anacoluto";
"As várias vozes que não eram suas";

"A dentadura colada com corega";
"O óculos quebrado";
"A imagem partida".

SÍTIO ARQUEOLÓGICO

Isso aqui não é um soneto
(estamos num sítio arqueológico).
Ruína de uma forma poética
nascida na Renascença,

forma esvaziada de cuja estrutura
temos uma longínqua ideia,
isto aqui não é um soneto
nem sua réplica.

Uma carcaça carcomida,
que um guia turístico informa
pertencer a um antigo soneto,

exposta a visitações públicas,
essa forma espúria
é retrato dos tempos.
.

AGAMBEN, G. *O que é o contemporâneo? e outros ensaios*. Trad. Vinícius Nicastro Honesko. Chapecó: Argos, 2009.

BAKHTIN, M. *A Cultura Popular na Idade Média e no Renascimento: o Contexto de François Rabelais*. São Paulo: Hucitec, 2010.

BAUDELAIRE, C. *O pintor da vida moderna*. Trad. Tomaz Tadeu. Belo Horizonte: Autêntica Editora, 2010.

_____. *As flores do mal*. Trad. Ivan Junqueira. Rio de Janeiro: Nova Fronteira, 2015. CAMPOS, A. 'Tabacaria'. In: PESSOA, F. *Obra poética*. Rio de Janeiro: Nova Aguilar, 1986.

DELEUZE, G.; GUATTARI, F. *Mil platôs vol.1*. Trad. Ana Lúcia de Oliveira, Aurélio Guerra Neto e Célia Pinto Costa. São Paulo: Editora 34, 2017.

DOSTOIÉVSKI, F. *O idiota*. Trad. Paulo Bezerra. São Paulo: Editora 34, 2015.

HUGO, V. *Do grotesco e do sublime*. Trad. Célia Berretini. São Paulo: Perspectiva, 2007.

KAYSER, Wolfgang. *O grotesco: configuração na pintura e na literatura*. Trad. J. Guinsburg. São Paulo: Perspectiva, 2009.

LUKÁCS, G. Die Verdinglichung und das Bewußtsein des Proletariats. Bielefeld: Aisthesis Verlag, 2015.

MACIEL, M. E. Poéticas do inclassificável. *Aletria: Revista de Estudos de Literatura*, Belo Horizonte, v. 15, p. 154-162, jun. 2007. Disponível em: <http://www.periodicos.letras.ufmg.br/index.php/aletria/article/view/1393>. Acesso em: 20 ago. 2020.

MELVILLE, H. *Bartleby, o escrivão*. Trad. Cássia Zanon. Rio de Janeiro: Nova Fronteira, 2009.

PELLEGRINI, T. As vozes da violência na cultura brasileira contemporânea. In:_. *Despropósitos:* estudos de ficção brasileira contemporânea. São Paulo: Annablume; Fapesp, 2008.

RICŒUR, Paul. *A memória, a história, o esquecimento*. Trad. Alain François [et al.]. Campinas, SP: Editora da Unicamp, 2007.

ROCHA, R.C. As formas do real: a representação da cidade em Eles eram muitos cavalos. *Estud. Lit. Bras. Contemp.*, Brasília, n. 39, p. 107-128, jun. 2012. Disponível em: <https://www.scielo.br/scielo.php?script=sci_arttext&pid=S2316-40182012000100007>. Acesso em: 20 ago. 2020.

SCHØLLHAMMER, K. E. O caso Fonseca: a procura do real. In: ROCHA, J. C. C. *Nenhum Brasil existe — pequena enciclopédia.* Rio de Janeiro: Topbooks, 2003.

pólen soft 80 gr/m2
tipologia crimson text
impresso no outono de 2020